B. Hüppin

AENIGMATA LATINA

RÄTSELN AUF LATEINISCH

F. S. Friedrich Verlag
- Frankfurt am Main -

Zum Autor:
Beat Hüppin, geboren 1976, studierte lateinische und deutsche Literatur- und Sprachwissenschaft an der Universität Zürich und unterrichtet an einem Schweizer Gymnasium.

Die Deutsche Bibliothek – CIP-Einheitsaufnahme
Ein Titeldatensatz für diese Publikation ist bei
Der Deutschen Bibliothek erhältlich!

Gedruckt auf umweltfreundlichem Papier;
100 % holz-, säure- und chlorfrei.

Besuchen Sie uns im Internet:
www.fsf-verlag.de

Dieses Werk folgt der reformierten Rechtschreibung und Zeichensetzung. Alle Drucke dieser Auflage können im Unterricht nebeneinander benutzt werden. Sie sind untereinander unverändert.

ISBN: 3-937446-16-8

Inhaltsverzeichnis

Vorwort *4*

Formenlehre: Nomina
Genitiv-Boustrophedon *5*
Dativ-Boustrophedon *6*
Überall Ablative! *7*
»Exotische« Deklinationen (e-, u-Dekl.) *8*
is, ille, hic – auf einen Blick *9*
Gut versteckt (Formen von ille, -a, -ud) *10*
Nochmals hic, haec, hoc *11*

Formenlehre: Verba
Das klassische Kreuzworträtsel I: Ind. Präsens *12*
Das klassische Kreuzworträtsel II: Ind. Imperfekt & Perfekt *14*
Das klassische Kreuzworträtsel III: Ind. Imperfekt & Futur *16*
Das klassische Kreuzworträtsel IV: Konj. Imperfekt *18*
Das klassische Kreuzworträtsel V: Ind. Perfekt *20*
Das klassische Kreuzworträtsel VI: Ind. Perfekt & Plusquamperfekt *22*
Drehwurm: Ind. Perfekt & Plusquamperfekt *24*
Das klassische Kreuzworträtsel VII: unregelmäßige Verben *26*
velle und Co. *28*
Deponentien-Boustrophedon *29*
Das klassische Kreuzworträtsel VIII: Passiva *30*

Varia
Sprichwörtliche Helden *32*
Die Arbeiten des Herkules *34*
Wer schrieb...? *35*
Zahlenrätsel I *36*
Zahlenrätsel II *37*
Aenigma horribile *38*
Zahlenrätsel III *40*

Wörterverzeichnis *41*

Aus unserem Programm *44*

Vorwort

Dieses Rätselheft richtet sich an alle Schüler, Studenten, Lehrer und sonstige Interessierte, die ihre Lateinkenntnisse gerne auf eine spielerische Art trainieren, erproben oder auffrischen möchten.

Die meisten Rätsel sind einem bestimmten Grammatikthema gewidmet, was es den Lehrkräften ermöglicht, sie im Unterricht gezielt einzusetzen, um ein Thema zu repetieren oder zu vertiefen. Allerdings sind die Rätsel – was das verwendete Vokabular usw. betrifft – bewusst lehrbuchunabhängig gestaltet. Das heißt, dass der Lehrer die Rätsel vor dem Einsatz selber einmal durchsehen sollte, um zu prüfen, welche Wörter den Schülern allenfalls fehlen (auch speziellere Erscheinungen der Formenlehre etc.). Falls die Schüler über ein Wörterbuch verfügen, wird es sinnvoll sein, sie dieses benutzen zu lassen – zumal bei denjenigen Rätseln, in denen viele verschiedene Vokabeln gebraucht werden.
Dazu gilt es allerdings zu bemerken, dass je nach Art des Rätsels unter Umständen überhaupt keine Vokabelangaben nötig sind, da gerade beim «klassischen Kreuzworträtsel» unbekannte Wörter sich oft von selbst ergeben bzw. erschlossen werden können, wenn man die umliegenden Aufgaben zuerst löst.

Zuhinterst haben wir auch ein leeres Wortregister angefügt, in das die unbekannten Vokabeln laufend eingetragen werden können. Dieses Wortregister wächst also mit der Zeit individuell – je nach Vorwissen der Schüler –, und sie lernen ganz nebenbei noch neue Vokabeln.

Nun bleibt uns nichts anderes mehr übrig, als viel Knobelvergnügen zu wünschen mit diesen «Aenigmata Latina»!

Autor und Verlag
im April 2006

Genitiv-Boustrophedon

Hier kannst du testen, ob du die Genitivformen der verschiedenen Deklinationen beherrschst! In jeder Aufgabe hast du eine Auswahl mit vier Wörtern gleicher Endung. Nur eine davon ist jedoch tatsächlich eine Genitivform. Wenn du sie identifiziert hast, trägst du den Nominativ Sg. des betreffenden Wortes in das Rätsel ein.

Das erste Wort ist in der ersten Reihe normal von links nach rechts einzutragen. Das nächste Wort hängst du direkt an. Wenn du am Ende der Zeile angelangt bist, schreibst du einfach in Pfeilrichtung auf der nächsten Zeile weiter. Diese schlangenförmige Schreibweise gab es übrigens schon in der Antike – die Griechen nannten das „boustrophedon" (was übersetzt heißt: „so wie der Ochse pflügt")!

Die Buchstaben in den grau hinterlegten Feldern ergeben – in die richtige Reihenfolge gebracht – den Namen eines großen römischen Geschichtsschreibers.

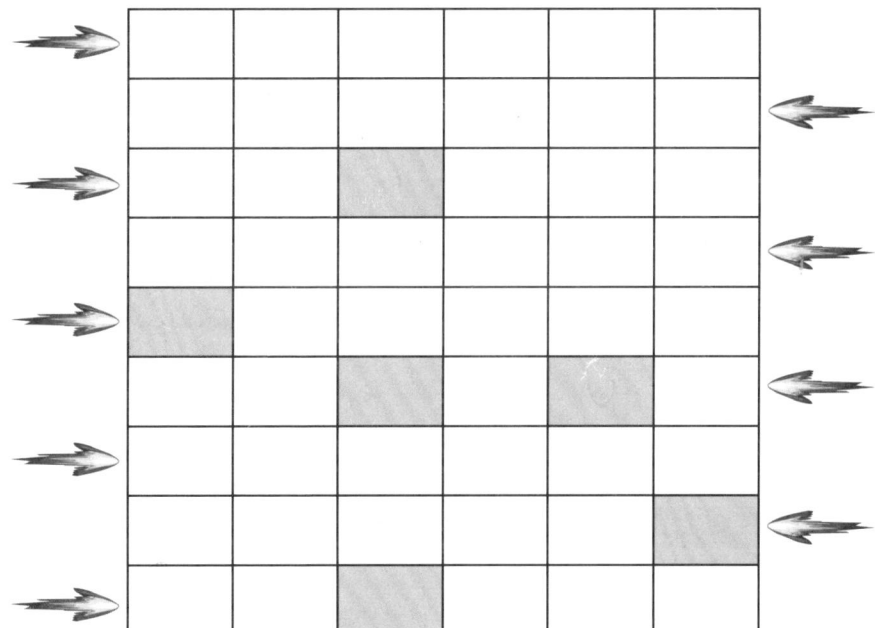

1. feminis / puellis / uxoris / nautis **2.** pauperis / miseris / laetis / liberis
3. monti / templi / felici / consuli **4.** horis / temporis / colonis / annis
5. linguis / amicis / cenis / finis **6.** dominus / domus / populus / bonus
7. civi / vi / labori / vicini **8.** regioni / regi / rei / portui
9. noctis / tectis / saccis / dictis **10.** celeri / rustici / turpi / pectori

Dativ-Boustrophedon

Hier ist die Vorgehensweise genau gleich wie bei dem entsprechenden Rätsel zum Genitiv! Auch hier hast du jeweils eine Auswahl mit vier Wörtern gleicher Endung. Nur eine davon ist jedoch tatsächlich eine Dativform. Und auch hier bildest du von dieser dann den Nominativ Sg. und fügst diesen in das Rätsel ein.

Die Buchstaben in den grau hinterlegten Feldern ergeben – in die richtige Reihenfolge gebracht – einen häufigen römischen Vornamen; es ist übrigens auch der Vorname des Geschichtsschreibers, der im Genitiv-Boustrophedon gesucht wird.

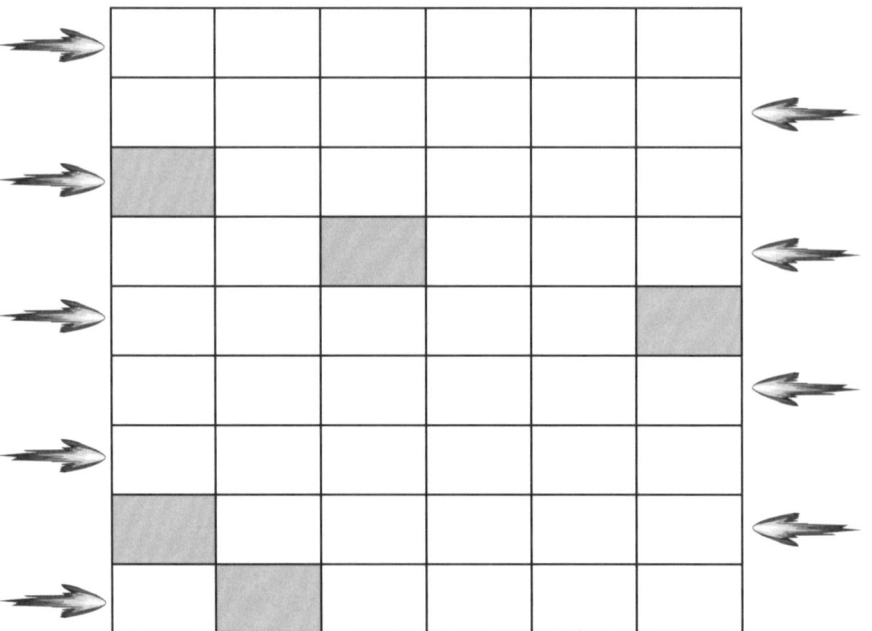

1. equis / equitis / aequalis / equestris 2. agri / acri / Marci / sacri
3. nostri / ostii / otii / hosti 4. edicti / exercitii / exercitui / aegroti
5. exilio / lectio / altitudo / oratio 6. morbi / amici / amori / anni
7. agris / acris / agminis / aedis 8. parci / perniciei / periculi / pauci
9. superbus / albus / diebus / nimbus 10. hi / ei / dei / tui

Überall Ablative!

Mit diesem Rätsel kannst du den Ablativ trainieren.

Zuerst müssen die angegebenen Aufgaben gelöst werden. Anschließend können die Lösungswörter in das leere Raster eingetragen werden – natürlich so, dass das Rätsel zum Schluss „aufgeht"! Kein Problem, oder?

<u>Nimm den Ablativ Singular von:</u>
aedes – amicus - avus – dominus – finis – insula – merum – mos - os (Mund) – pia – salus – saxum - ursus

<u>Und den Ablativ Plural von:</u>
magister – manus – nobilis – rufus – tres - uxor

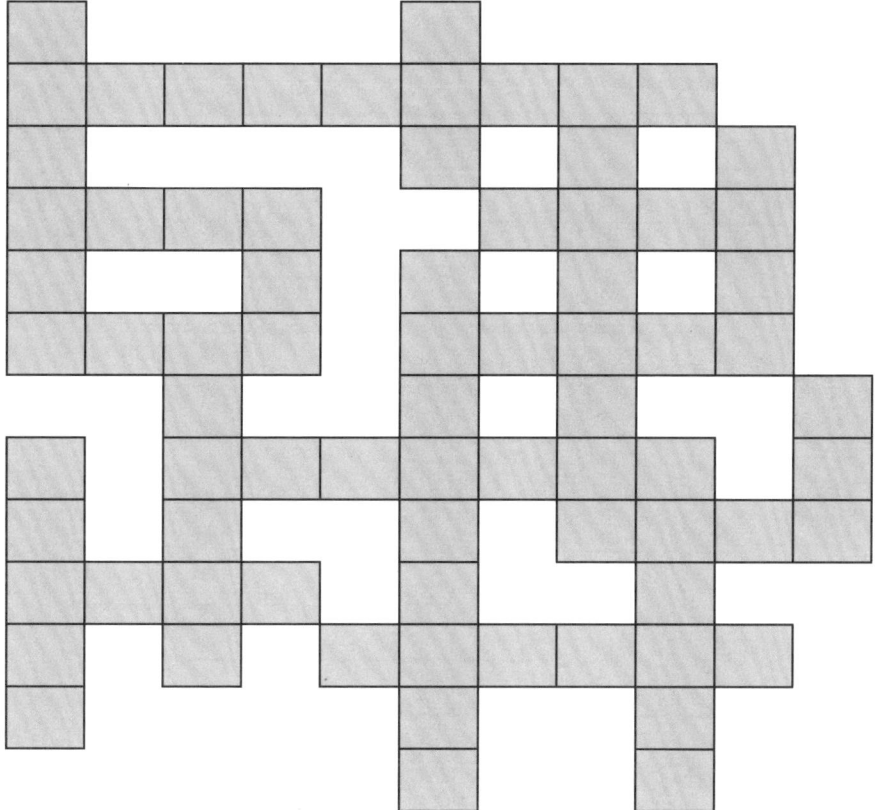

»Exotische« Deklinationen

Exotisch ist eigentlich hier nicht das richtige Wort, denn einige sehr häufige Wörter gehören zu diesen Deklinationen.

Jedenfalls sollst du hier das angegebene Substantiv an das Adjektiv angleichen und die erhaltene Form in die Tabelle eintragen. Es ergibt sich als Lösungswort der vollständige Name eines großen Komödiendichters.

1. magni (portus)

2. pulchrae *(Sg.)* (facies)

3. tristi *(Abl.)* (interitus)

4. iucunda (species)

5. horrida *(Abl.)* (pernicies)

6. celebrem (portus)

7. parvis (exercitus)

8. ingentia (cornu)

9. incredibiles (res)

10. monstrantium (manus)

11. falsae *(Sg.)* (fides)

12. candidam (facies)

13. iocosarum (res)

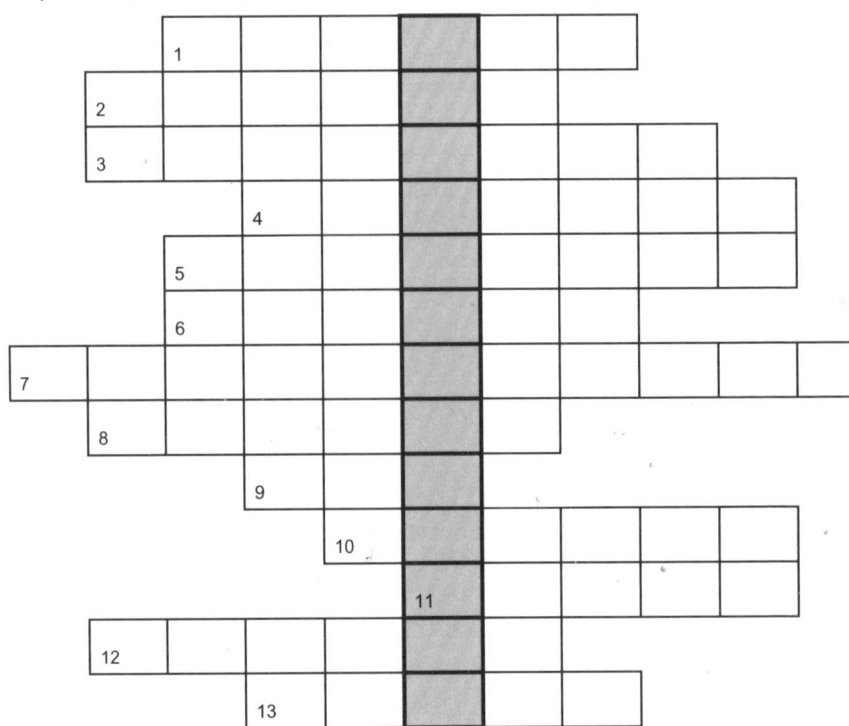

is, ille, hic – auf einen Blick

Wer hätte nicht schon über diese Pronomina geseufzt? Dabei sind sie doch gar nicht so schwierig!

Nimm das in Klammern beigefügte Pronomen und setze es in die richtige Form, so dass es mit dem angegebenen Substantiv übereinstimmt. Von oben nach unten kannst du dann in den dick umrandeten Feldern den Namen eines nicht ganz unbekannten Römers ablesen – sofern du alles richtig gemacht hast...

1. senatori (hic)

2. temporis (ille)

3. militum (is)

4. gentibus (ille)

5. vocis (is)

6. diem (hic)

7. amicas (hic)

8. corpora (hic)

9. arborum (ille)

10. puellam (is)

11. diebus (hic)

12. animalia (is)

13. noctium (hic)

Gut versteckt

Im Kasten sind eine Menge von Formen des Pronomens ille, illa, illud versteckt. Sie sind waagrecht, senkrecht oder diagonal und jeweils vor- oder rückwärts geschrieben.

Wenn du alle Formen findest, bleiben total 22 Felder unmarkiert. Diese Buchstaben ergeben aneinandergereiht (inkl. Satzzeichen am Ende) ein Zitat des Dichters Horaz, in dem er sich etwas pessimistisch über Reisende auslässt – was auch heute noch über viele Touristen gesagt werden könnte.

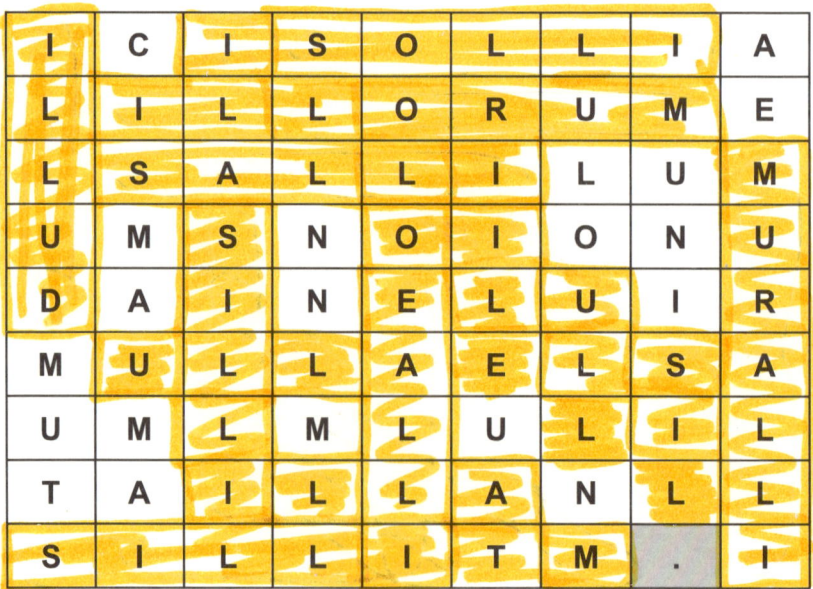

I	C	I	S	O	L	L	I	A
L	I	L	L	O	R	U	M	E
L	S	A	L	L	I	L	U	M
U	M	S	N	O	I	O	N	U
D	A	I	N	E	L	U	I	R
M	U	L	L	A	E	L	S	A
U	M	L	M	L	U	L	I	L
T	A	I	L	L	A	N	L	L
S	I	L	L	I	T	M	.	I

Nochmals hic, haec, hoc

Von den drei jeweils vorgeschlagenen Formen passt nur eine zum Substantiv! Die Lösungsbuchstaben ergeben – in die richtige Reihenfolge gebracht – eine wichtige römische Gottheit.

huius (S)
his (T)   **sermonis**
hos (C)

hunc (I)
hoc (V)   **spatium**
haec (S)

hac (U)
haec (A)   **luce**
huic (I)

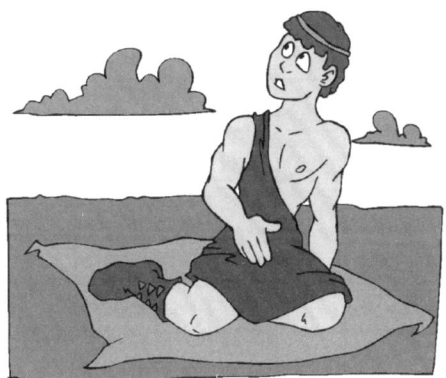

hic (O)
has (A)   **fratres**
hi (E)

haec (N)
hac (M)   **scelera**
hae (T)

Lösungswort: __ __ __ __ __

Das klassische Kreuzworträtsel I

Hier stehen die Personalformen des Präsens im Vordergrund.

Wenn du die grau hinterlegten Lösungsbuchstaben richtig anordnest, erhältst du den Namen eines trojanischen Helden, der auch im römischen Mythos sehr wichtig wurde.

1		3	4	5	6	7	8	9	10	11	12	13
14	15		16								17	
18					19			20				
		21		22			23	24	25		26	
27	28		29					30				31
32		33		34	35		36	37				
38	39			40		41			42		43	
44		45		46			47	48		49	50	
51				52	53							
	54										55	

Waagrecht

1 wir schwimmen
9 dem Sklaven
14 Kurzform für eine Hochschule
16 wir gehorchen
17 ihm
18 typische Endung für 1. Pers. Plural
19 geh hinaus!
20 Teil des Verdauungstraktes (dt.)
21 ich gehe
22 er ist
23 röm. Zahlzeichen für 103
26 Abk. Voltampère
27 porta dt. (sensu inverso)
29 ich lache
30 gebt!
32 röm. Münze (= dt. begabter
    Mensch)
33 stehen
36 die Herren
38 aber, sondern
40 wir schenken
43 Pronomen: dieser (Nom. Sg. m.)
44 sie geben
46 ich stehe
47 beende!
50 Abk. Tennisclub
51 den Eseln (Dat. Pl.); ein Vokal
    fehlt!
53 tretet ein!
54 antwortet!
55 du bist (= senkrecht 19)

Senkrecht

1 du zählst auf
3 typische Endung für 2. Pers. Plural
4 ihr bringt herbei
5 frühmorgens
6 Auerochse (dt.)
7 Anredeform für einen Namen (der
    auf Quintus folgende)
8 einem Freund
9 ich bin
10 sei!
11 ihr lenkt
12 vita = franz. ?
13 schmücke!
15 etwa?
19 du bist
21 und
24 Pronomen: das
25 schon
26 kommt!
28 typische Endung für Akk. Plural m.
31 du lernst
33 Abk. für eine häufige Brieffloskel
    (lat.)
34 Präposition: zu ... hin, bei
35 ein Rad, dem der letzte Buch-
    stabe fehlt
36 gib!
37 Abk. „Olympique Marseille"
    (Fussballklub)
39 Pronomen: sie (Akk. Pl. f.)
41 nicht
42 dt. Adjektivvorsilbe, um Gegen-
    teil auszudrücken
44 du gibst
45 Abk. nomen nescio
48 gehen
49 geht!
52 Abk. für eine weitere häufige
    Briefffloskel (lat.)
53 Liebschaft von Iuppiter, in Kuh
    verwandelt

Das klassische Kreuzworträtsel II

Hier kannst du die Formen des Imperfekts und des Perfekts trainieren. Welches der beiden Tempora gefragt ist, wird jeweils angegeben.

Die Buchstaben in den grau hinterlegten Feldern ergeben diesmal Caesars berühmten Ausspruch beim Überschreiten des Rubikon (der allerdings meist mit falscher Übersetzung wiedergegeben wird!) – nachdem du sie in die richtige Reihenfolge gebracht hast!

1	2	3	4		5	6	7	8	9	10			11
12											13		
		14		15	16		17	18					
	19								20			21	
22		23	24	25			26	27			28		
29	30	31			32				33				
34				35	36		37	38					
	39		40		41		42			43	44		
45			46		47	48							
49													

Waagrecht

1 er ist anwesend
5 du prüftest (Imperf.)
12 ich plünderte (Imperf.)
14 Abk.: Remote Control
15 ich meldete (Imperf.)
19 sie lagen (Imperf.)
20 littera Graeca
22 Vorsilbe: heraus-
23 er kam (Perf.)
27 diese (Akk. Pl.)
28 Abk. Regionalbahn
29 Vorsilbe: zurück-
31 ihr kauftet (Imperf.)
33 ich war (Perf.)
34 typische Endung für männl. Geschlecht
35 Weg
38 dann
39 non ego, sed ...
40 littera Graeca
42 weh! ach!
43 so
45 er hielt (Perf.)
47 lest!
49 sie verstanden (Imperf.)

Senkrecht

1 sie waren anwesend (Perf.)
2 ich sagte (Perf.)
3 sie irrten umher (Perf.)
4 so
5 littera Graeca, qua mathematici saepe utuntur
6 weibl. Vorname: die Wiedergeborene
7 Vorsilbe: entgegen- (wie in „entgegengehen")
8 Imperfektkennzeichen
9 du liebtest (Imperf.)
10 trink!
11 ich bin
13 Väter (Gen. Pl.)
15 Fragepartikel
16 wo
17 Abk.: Tennessee
18 geht!
21 sie gingen weg (Imperf.)
24 er kaufte (Perf.)
25 verneine!
26 = senkrecht 18
30 du bist
32 Vorsilbe: zwei-/Doppel-
33 er war (Perf.)
36 gr. Vorsilbe in Fremdwörtern: weit-/entfernt-
37 König (Abl. Sg.)
38 die deinen (Nom. Pl.)
39 halten (nur die ersten drei Buchstaben!)
41 Nebensatzeinleitung: wie
44 non me, sed ...
46 röm. Zahlzeichen: 49
48 dt. Abk. für Parterre

Das klassische Kreuzworträtsel III

In diesem Rätsel kommen besonders viele Futurformen sowie einige Imperfekte vor, aber natürlich – wie bei allen diesen Rätseln – auch anderes!

Die Lösungsbuchstaben in den grau hinterlegten Feldern ergeben diesmal den Namen einer beliebten Komödie von Plautus, die von einem Topf voller Gold handelt!

1	2	3		4	5	6		7	8	9	10	11
12		13	14				15	16		17		
18				19		20						
21							22					
		23		24			25		26			
27	28			29			30	31		32		
	33		34		35				36		37	
38				39								
40		41		42		43	44			45		
	46					47						

Waagrecht

1 ich rief zu
9 Altar
12 Vorsilbe: herab-
13 ich werde zurückgehen
16 du wirst nehmen
18 gib heraus! (auch ein „Ganoven"-Name)
19 mensis quaedam lingua Britannica
20 flos notus
21 sie antworteten
23 du wirst aufkaufen (zusammenkaufen)
25 durch die Sache
26 dahin
28 dich
29 gut (Adverb)
31 Vorsilbe: heraus-
32 obsolete Abkürzung für europäischen Staat
33 Frage: oder?
34 ich gehe
35 Nuss
36 Meer
38 röm. Zahlzeichen für 1005
39 du wirst aufhören/ablassen
40 Pause/Unterbruch
42 Vorsilbe: hinein-
43 mit den Augen
46 Brotzutat (in Samenform), auch Märchenwort
47 sie sollen dabeistehen

Senkrecht

1 ich werde da sein
2 sie werden weichen
3 sie werden wachsen
4 ich werde ermahnen (minus ein n!)
5 Kurzform für mihi
6 Einwohner von Abydus
7 römische Münze
8 die Musen
10 der (Schul-)Leiter
11 er bestieg
14 du stelltest aus
15 du sollst reden/beten
17 du bliebst
22 Gallierfürst (Vae victis!)
24 Frage: mich?
27 Lallwort des röm. Kleinkindes
30 geh heraus!
33 Großväter (Akk.)
36 Honig
37 Dinge (Akk.)
39 griech. durch
41 Vorsilbe: wieder-
44 röm. Zahlzeichen für 400
45 lat. Kürzel für „das heißt"

Das klassische Kreuzworträtsel IV

In diesem Rätsel kannst du die Formen des Konjunktiv Imperfekt repetieren. Denk daran, dass dieser Konjunktiv häufig als Irrealis eingesetzt wird. So sind die Aufgaben dann auch gestellt: „ich würde etwas tun". Aber es kommen hier auch Formen des Konjunktiv Präsens vor. Du musst also genau darauf achten, wie die Aufgabe gestellt ist!

Als Lösungswort erhältst du in diesem Rätsel den Namen eines bedeutenden römischen Kaisers, von dem unter anderem der Ausspruch überliefert ist: „Pecunia non olet." (Geld stinkt nicht).

1			2	3	4	5	6	7	8	9		10	
	11	12		13							14		15
16			17	18	19		20	21				22	
		23		24		25						26	
27			28					29					
	30		31		32							33	
34													
	35		36							37	38		
39					40			41		42	43		
44													

Waagrecht

1 ich werde gegeben
3 mons Graeciae
7 er soll aufpassen
12 du gehst
13 urbs Graeciae (Graeco nomine)
16 Abk. für die Regel Benedikts (auf lat.)
17 leicht, einfach (im Dat.)
22 Vorsilbe: herab-
23 ihm
24 non ego, sed ...
25 locus mortuorum
26 Abk. „Extended Play"
27 Postkürzel für europ. Staat
28 ich sei
29 ich übergebe
30 Abk. lat. „d. h."
31 sie würden prüfen, billigen
34 ich würde herausziehen
35 wir würden lernen
38 Konjunktion
39 er wird weggehen
41 Knochen
42 Kurzform eines männl. Vornamens
44 ihr würdet euch sehnen

Senkrecht

1 sie würden geben
2 ihr würdet lachen
3 dieser
4 gib!
5 aber, dagegen
6 littera Graeca
8 oder?
9 es würde uns gut gehen
10 wage!
11 homo quidam Gallicus crasso et validissimo corpore
14 ungesund/krank (feminino genere)
15 ihr sollt zurücklegen
17 du wirst zu etwas
18 apud (lingua Britannica)
19 altlat. quom wird klass. zu ...?
20 er würde waschen
21 dies
25 ich würde gehalten für
29 das Zittern
32 lat. Ausruf: hallo! heda!
33 littera Graeca
34 und
35 am Tag
36 Abk.: senatus consultum
37 ... sapienti (Sprichwort)
39 avunculus quidam divitissimus (Initialen!)
40 idem quod XXII
43 lat. Kurzform für: Götter

Das klassische Kreuzworträtsel V

Neben einigen anderen Dingen geht es in diesem Rätsel schwerpunktmäßig um die Formen des Perfekts (auch Verbformen, die im Deutschen als Präteritum angegeben sind, sind in diesem Rätsel generell als Perfekt wiederzugeben).

Als Lösungswort ergibt sich aus den grau hinterlegten Feldern der Name des Vulkans, bei dessen Ausbruch 79 n. Chr. Pompeii und andere Städte vernichtet wurden!

Waagrecht

1 ihr habt erblickt
8 für, anstelle von
11 sie kann
13 von wo?
14 sei!
15 Holz
18 er hat gesiegt
19 röm. Zahlzeichen für 40
20 asinus facit ...?
23 littera Graeca (qua mathematici saepe utuntur)
24 ich bin
25 sprich! / bete! (auch: Küste)
26 er hat gelenkt/geleitet
27 ich bin gewesen
28 wichtige Stadt (heutiger Name)
29 wir haben gelesen
30 dir (Dat.)
31 Sehne, Nerv
33 ich lag
35 Präposition: zu...hin
37 keinem (Dat.)
38 sie hat gehalten
40 du hast gefasst/gefangen
41 euer

Senkrecht

1 sie waren anwesend
2 einer der Dioskuren (Castor und ...)
3 und auch, sowie
4 du gehst
5 dann, darauf
6 er ist einmarschiert, hat überfallen
7 lat. häufige Brieffloskel (Abk.)
8 der Brust (Dat.)
9 der Sache (Gen. oder Dat.)
10 Hafen von Rom (im Akk.)
11 Friede
12 du hast getrieben/verhandelt
16 geboren (Akk. Sg. m.)
17 einem (Dat.)
21 Gründe
22 tot
23 prüft!
24 griech. für Mond
27 es war
32 er, sie soll sein
34 er ist gegangen
36 gib!
39 damit nicht

Das klassische Kreuzworträtsel VI

Diesmal geht es um die Formen des Perfektstamms, d. h. vor allem Perfekt und Plusquamperfekt... Was in den Aufgaben im Deutschen als Präteritum angegeben ist, ist in diesem Rätsel grundsätzlich als Perfekt zu übersetzen.

Wenn du die grau hinterlegten Lösungsbuchstaben richtig anordnest, erhältst du den berühmten Ausspruch des Kaisers Vespasian, als er an sich die ersten Anzeichen einer tödlichen Krankheit bemerkte: „Wehe, ich glaube, ich werde ein Gott!"

1	2	3	4	5	6		7	8	9	10		12
	13		14			15		16		17	11	
18		19	20	21			22	23				
24	25				26	27			28		29	
	30				31		32			33	34	
35									36			
37		38		39	40				41			
42		43							44		45	
	46					47		48		49		
50				51								

Waagrecht

1 sie gingen hinein
8 ich war anwesend
13 er
14 Land
16 Kurzform für Auerochse (dt.)
17 Kurzform eines männl.
   Vornamens (Ex-US-Präs.)
18 ich hatte gefühlt
23 es fehlt
24 S + griech. Buchstabe =
   Verkehrsproblem
27 postea --> it. ?
28 Abk. für einen Numerus
29 aurum --> franz. ?
30 großer historischer Film (Ben ...)
31 griech. Vorsilbe „schön/gut"
32 Autokennzeichen des Landkreises
   Nordvorpommern
33 Abk. Einbruchmeldeanlage
35 er zog zurück
36 schwed. Brief (vgl. lat. „kurz")
37 Jesus sagt: „Ich bin das ... und
   das ..."
38 lat. häufiger Diphthong
39 die gegebenen (Akk. Pl. f.)
41 Floskel im lat. Brief
42 sie zogen
44 eintreten (nur vier erste
   Buchstaben!)
46 du gingst hinein
48 es
49 die deinigen
50 ich saß
51 er hatte genommen

Senkrecht

1 ihr hattet befohlen
2 numquam = dt.?
3 du gehst
4 lat. Konnektor
5 lat. Vorsilbe „zurück"
6 Medizin: Urea Reduction Ratio
   (Abk.)
7 chem. Element Tantal
8 ihr hörtet
9 Plural von Dr. (Abk.)
10 sie hatten zerbrochen
11 Knochen = Mund
12 er wird eingetreten sein
15 er raubte, raffte
19 Seemann
20 ich stand auf
21 irre herum!
22 Bergbewohner (Nom. Pl.)
25 Ggt. von Praxis
26 Gesetz
34 Honig
39 Kurzform dis = ?
40 Kunst
41 sieh!
43 engl. Konnektor (vgl. auch
   senkrecht 4)
45 lat. Personalpronomen
47 Abk. Trademark

Drehwurm!

Setze links oben in Pfeilrichtung das erste Lösungswort ein. Sein letzter Buchstabe ist zugleich der Beginn des neuen Wortes. Dieses wird dann von oben nach unten geschrieben. Fahre immer in der gleichen Weise spiralförmig weiter. Jedes Wort füllt immer genau eine horizontale oder vertikale Reihe vollständig aus. Nur das allerletzte Wort musst du "um die Ecke herum" eintragen. Aber aufpassen, dass du nicht den Drehwurm kriegst!
Was in diesem Rätsel als deutsches Präteritum angegeben wird, ist generell als Perfekt zu übersetzen – Plusquamperfekt ist sowieso klar.

Die grau hinterlegten, numerierten Lösungsbuchstaben ergeben aneinandergereiht eine lateinische Wendung, die ungefähr so viel bedeutet wie „Eulen nach Athen tragen", also etwas ganz und gar Überflüssiges zu tun...

1. ich zeigte
2. ihr hattet verstanden
3. er schaute
4. ihr übertrugt
5. du standest
6. sie hatten nicht gewusst
7. ich hatte gebracht
8. wir hatten gemischt
9. er löste
10. ihr hattet gehalten
11. ich wusste
12. wir waren hineingegangen
13. ich liess
14. du befahlst
15. er ging
16. er erschreckte
17. ich versuchte

Hilfe zu den Vokabeln:
4. übertragen: Präfix für „über-"? Denke an „hinüber" etc. (z.B. über einen Fluss)

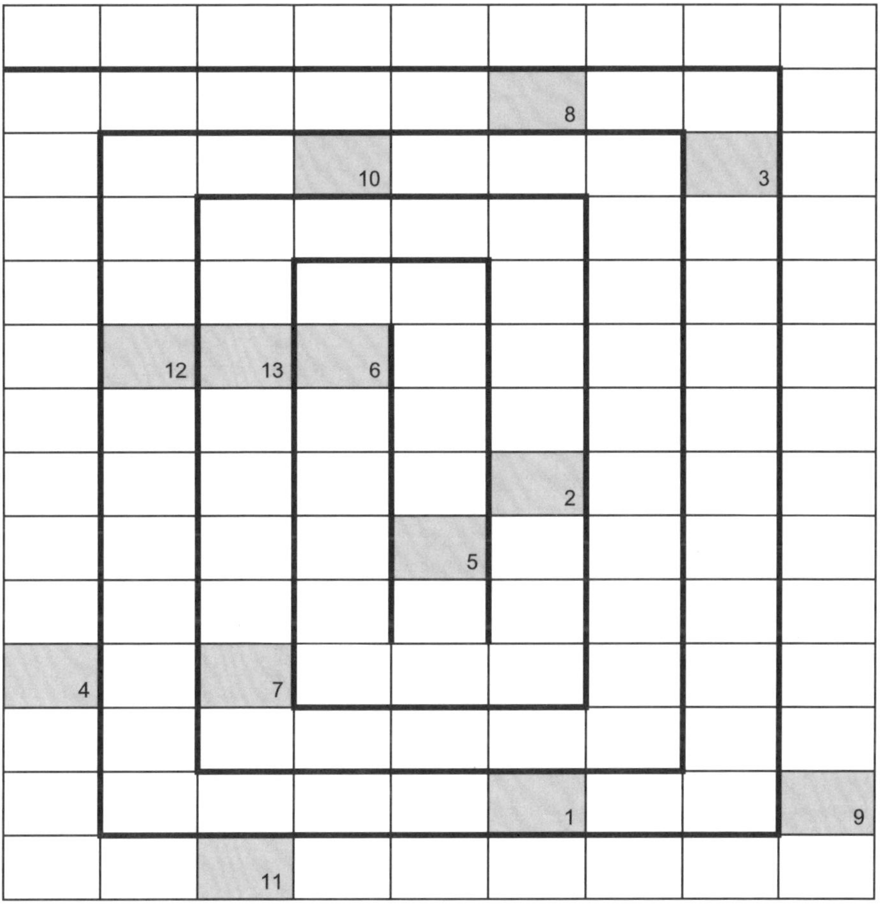
8
10
3
12
13
6
2
5
4
7
1
9
11

Das klassische Kreuzworträtsel VII

In diesem Rätsel stehen die Formen der unregelmäßigen Verben im Vordergrund: esse, posse, ire, velle, ferre.

Die grau hinterlegten Lösungsbuchstaben ergeben richtig zusammengestellt einen häufigen römischen Vornamen – es ist unter anderem auch der Vorname von Vergil und Terenz.

1	2	3	4	5		6	7	8
9					10			
11			12		13			
14						15		
16		17		18		19	20	
	21						22	23
24				25	26			
	27	28	29	30			31	
32		33		34				
35							36	

Waagrecht

1 Produkt vom Huhn (Dat.); auch Kurzwort für ein Milchmischgetränk
4 ich werde wollen
9 taurus lingua Hispanica
10 Abk. eines „Grades" im Männer-kloster
11 pars volucris (et aëroplanorum)
12 ISO-Ländercode eines europ. Zwergstaates
13 du sollst gehen
14 er wird bringen
15 ich war (Perf.)
16 Stimmung z. B. des Altsaxophons
17 ihr geht
19 er soll gehen
21 geht weg!
22 Abk. für einen Schweizer Halb-kanton
24 conditor urbis Romae qui litteram E perdidit
25 Wutausbrüche
27 du bist
30 er sei
31 pars bibliae sacrae
32 engl. Abk. für Anrede eines Mannes
33 er könne
35 du wirst können
36 du gehst

Senkrecht

2 ich wollte (Imperf.)
3 Inf. Passiv: gebeten werden
4 ihr werdet wollen
5 er geht entgegen
6 Altar, auch: Vogelart
7 bestia perparva
8 er möchte
9 Abk. Tages-Anzeiger
10 du bringst
14 ich würde bringen
15 ihr sollt bringen
18 marderartiges Tier hat ein L verloren (dt.)
20 er soll weggehen
23 ihr sollt sein
26 ich lachte
27 ich werde sein
28 lat. häufige Brieffloskel (Abk.)
29 griech. Leben = weibl. Vorname (CH-Autorin)
34 weibl. Gegenstück zu 10 waagrecht

velle & Co.

Ein wichtiges unregelmäßiges Verb ist *velle*. Leider bietet es immer wieder Anlass zu Verwechslungen mit anderen Wörtern.

Schaffst du es, das Rätsel richtig auszufüllen?

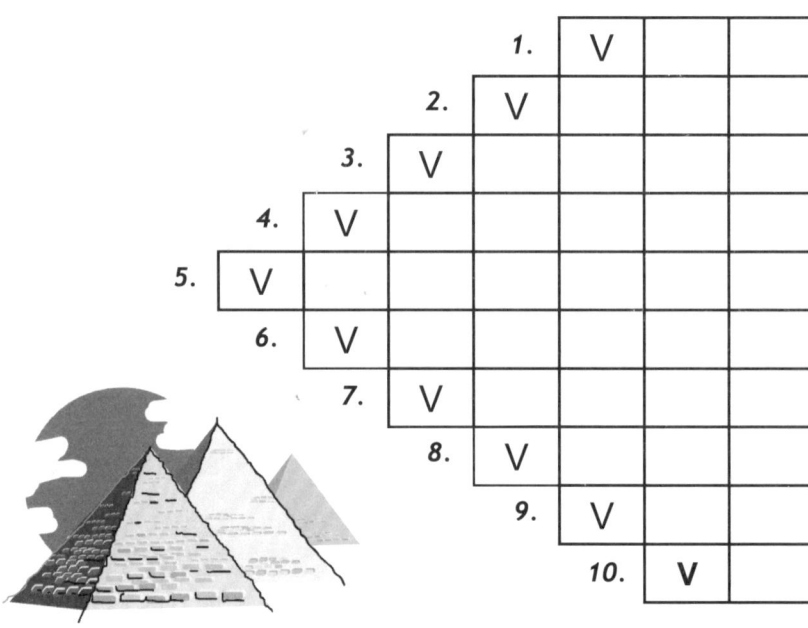

1. du willst

2. ich fliege

3. ich möchte

4. er wälzt, rollt

5. wir wollen

6. sie möchten

7. er wird wollen

8. er will

9. der Mann

10. mit Gewalt

Deponentien-Boustrophedon

Weißt du mit Deponentien umzugehen? Du kannst es in diesem Rätsel testen!

Wie ein Boustrophedon-Rätsel funktioniert, weißt du ja inzwischen (sonst sieh dir die Anleitung zum Genitiv-Boustrophedon nochmals an). Hier gibt es jedoch einen kleinen Unterschied: der letzte Buchstabe ist bei diesem Rätsel immer gleichzeitig der erste Buchstabe des neuen Wortes, die Lösungswörter überlappen sich also jeweils.
Es gibt auch einzelne Aufgaben, deren Lösung aus zwei Wörtern besteht. Bei diesen einfach alles in einem Zug eintragen!
Die grau hinterlegten und numerierten Lösungsbuchstaben ergeben den Namen, den der legendäre Gründer Roms, Romulus, nach seiner Vergöttlichung angenommen haben soll.

1. wir versuchen
2. du hast gemeint
3. sie folgen
4. ich bin zurückgegangen (von einer Frau gesagt) *verwende ein Kompositum von gradi*

5. du wirst sterben
6. ich war gefolgt
7. ich werde mich wundern

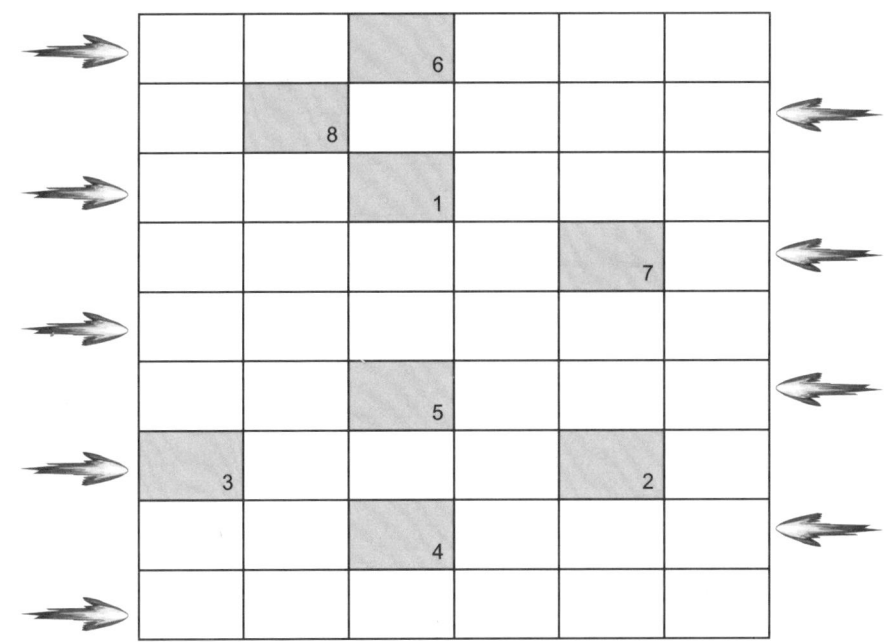

Das klassische Kreuzworträtsel VIII

Mit diesem Rätsel kannst du unter anderem dein Können hinsichtlich der Passivformen unter Beweis stellen!

Es gibt einzelne Aufgaben, die als Lösung zwei Wörter erfordern (z. B. er ist gelobt worden = laudatus est). Bei diesen Aufgaben sind dann beide Wörter an einem Stück in das Rätsel einzufüllen. Weiter können einige Aufgaben im Lateinischen mit Imperfekt <u>oder</u> Perfekt übersetzt werden. Bei diesen musst du selber herausfinden, welches in das Rätsel hineinpasst.

Als Lösungsspruch erhältst du diesmal die berühmten zwei Wörter, die Pontius Pilatus sprach, als er den ausgepeitschten Christus der Volksmenge vorführte. Die grau hinterlegten Lösungsbuchstaben musst du dafür aber erst in die richtige Reihenfolge bringen.

1	2	3	4	5		6	7	8	9	10	11	12
13		14			15		16					
17				18			19	20				
21			22		23				24			
25	26		27	28		29	30			31	32	
33									34			
35					36						37	
	38		39			40				41		
42				43	44		45	46			47	
48		49							50			

Waagrecht

1 sie wäre geführt worden
10 geh hin!
13 Abk. Infrarot
14 wohl berühmtester Sämann
16 ich würde getragen werden
17 raube! raffe!
18 wir werden beurteilt
21 lat. Vorsilbe hinein-
22 Einleitung für einen Kondizionalsatz
23 rel. Vorschrift, etwas Bestimmtes zu meiden (dt.)
24 non illas, sed ...
25 griech. Kind
28 Dinkel / Mehl (= schwed. Vater)
30 insula --> franz.?
31 mors
33 es ist befohlen worden
34 pejorativ für Haus (dt.)
35 lat. Version der Odyssee (ohne letzten Buchstaben)
36 Witwen (Akk. Pl.; v = u)
37 röm. Zahlzeichen 999
38 semper
40 Militärlager
42 sie würden gelobt werden
47 chem. Element Mangan
48 Abk. für die finnische Eisenbahngesellschaft
49 ich würde geheilt werden
50 ich lenkte, leitete

Senkrecht

1 ich werde ausgeplündert
2 chem. Element (radioaktiv!)
3 wir sind gefasst worden
4 drei
5 lat. häufiger Diphthong
6 Trivialname für kohlensaures Natrium
7 Kürzel für literarische Gattung
8 Länderkürzel für Estland
9 er wurde gezogen, geschleppt
10 bewaffnet
11 immortalis vel caelestis
12 ihr werdet verlacht
15 wir werden gehalten für
18 jene (Nom. Pl. m.)
19 du wirst gehen
20 die Verehrung, Pflege
26 ich werde gehört werden
27 chem. Zeichen für Schwefel (ter dandum est!)
28 ich war
29 wirf zurück!
32 ich gebe (sensu inverso!)
37 schon, gleich
39 Länderkürzel für Moldawien
41 Kürzel für Nobel-Automarke
42 röm. Zahlzeichen 55
43 oder?
44 Abk. Rechtsanwalt
45 damit nicht
46 Länderkürzel für Türkei

Sprichwörtliche Helden

Sehr viele der griechisch-römischen Mythenfiguren sind sprichwörtlich geworden und leben so bis heute in unserer Sprache weiter. Sind dir die Figuren und die damit zusammenhängenden Ausdrücke geläufig? Du kannst es hier testen.

Die griechischen Namen sind in der im Lateinischen üblichen Schreibweise einzufügen, also z. B. nicht Aineias, sondern Aeneas. Wenn du die gesuchten Namen in das Raster eingetragen hast, kannst du in den grau hinterlegten Feldern die Namen eines sehr berühmten Vaters und seines Sohnes ablesen.

1. Die Regierung hat die .... rufe überhört und ist ins Verderben geschlittert.

2. Das ist sein einziger wunder Punkt, seine ....ferse.

3. Der lockende ....gesang war zu stark, er konnte sich nicht gegen die Anziehung wehren.

4. Er hat eine sehr starke Mutterbindung – fast schon einen ....komplex.

5. In dieser Situation kannst du praktisch nicht heil entrinnen, du befindest dich zwischen .... (10) und .... (5).

6. Unter ....qualen verstehen wir, wenn man etwas Gewünschtes absolut nicht bekommen kann, obwohl es eigentlich ganz nahe liegt.

7. Max ist sehr stark, der reinste .... .

8. Er ist ein schwerreicher Industriemagnat, reich wie .... .

9. Die Firma ist wieder auferstanden wie ein .... aus der Asche.

10. siehe Nr. 5

11. Diesen ....stall sollte man schon lange ausmisten.

12. Sie hat sich verliebt; sie wurde von ....s Pfeilen getroffen.

13. Der Häftling wurde mit ....augen beobachtet.

14. Das ist eine ....arbeit, damit wirst du nie fertig.

Die Arbeiten des Herkules

Wenn du die Geschichte der 10 (+2) Arbeiten des Herkules einigermaßen kennst, dürfte dir dieses Rätsel nicht viel Mühe machen!

Die fehlenden Begriffe sind alle im Suchrätsel versteckt (teilweise sind es deutsche Begriffe, teilweise die dazugehörenden griechischen Namen). Findest du alle und kannst sie den Nummern richtig zuordnen?

1. Fell des nemeïschen ... bringen
2. neunköpfige ... töten
3. Hirschkuh ... lebendig fangen
4. erymanthischen ... fangen
5. Stall des ... ausmisten
6. stymphalische ... verjagen
7. kretischen ... bändigen

8. Rosse des ... nach Mykene bringen
9. Wehrgehänge der Amazonenkönigin
  ... herbeibringen
10. Rinder des ... herbeibringen
11. ... der Hesperiden herbeibringen
12. den Höllenhund ... heraufbringen

T	R	F	A	E	P	F	E	L
E	A	E	V	A	K	L	O	F
B	U	G	A	V	E	Y	O	S
E	B	A	L	C	R	O	B	E
R	V	P	O	H	Y	D	R	A
D	O	G	E	A	N	B	T	E
I	E	F	W	N	I	U	P	S
O	G	R	E	S	T	A	N	T
M	E	A	U	G	I	A	S	I
E	L	P	A	R	S	A	B	E
D	A	G	H	T	V	E	L	R
E	G	E	R	Y	O	N	E	S
S	A	W	V	N	O	R	E	S
K	E	R	B	E	R	O	S	T
H	I	P	P	O	L	Y	T	E

<u>W</u>er schrieb...?

Hier kannst du dein Wissen über die großen lateinischen Autoren an den Mann bringen! Die gefragten Namen sind in der vollen lateinischen Namensform anzugeben, also nicht z. B. Petron, sondern Petronius; nicht Juvenal, sondern Iuvenalis etc.

1/2. zwei große Komödiendichter
3. Schreiber von oft spöttischen Epigrammen
4. Geschichtsschreiber, Zeitgenosse des Plinius
5. wohl produktivster Dichter der augusteischen Zeit (allein schon 15 Bücher „Verwandlungen"!)
6. gewaltiger Epiker der augusteischen Zeit (der aber andererseits auch „Hirtenlieder" veröffentlicht hat!)
7. sprachgewaltiger Redner, Philosoph, Briefeschreiber
8. lyrischer Dichter der augusteischen Zeit (carpe diem!)
9. cognomen von Nr. 6
10. praenomen von Nr. 8
11. voluminöser Geschichtsschreiber (142 Bücher!)
12. Kaiserbiograph

Der Lösungsspruch verrät dir, worum es in dem Hauptwerk des Autors Nr. 6 geht (jedenfalls nach seiner eigenen Aussage im ersten Vers des Werkes...).

Zahlenrätsel I

Für einmal musst du nichts übersetzen und keine Formen bestimmen...

In dieser Art von Rätseln entspricht jede Zahl einem Buchstaben des Alphabets. Vier Buchstaben sind bereits vorgegeben. Schaffst du es, die restlichen Buchstaben herauszufinden und das Rätsel fertig auszufüllen?

N 1	E 2	Q 3	U 4	E 2	17	7	5	7	2
2	5	4	9	17	4	8	19	15	2
3	4	7	2	17	6	19	5	19	5
4	17	1	14	7	11	5	2	8	10
6	5	10	19	7	4	10	8	6	5
12	7	4	12	2	17	17	19	9	7
17	2	5	12	19	17	7	15	19	10
6	11	11	19	8	2	16	7	1	4
20	14	6	11	6	5	2	14	7	17
7	13	17	4	9	11	17	2	10	7
17	7	17	20	6	17	2	10	4	9
2	3	4	4	9	2	8	18	5	7
2	4	12	11	6	8	7	2	17	10
9	7	10	2	17	2	17	17	6	17
2	5	4	12	2	17	2	5	5	2
17	19	9	7	16	2	14	14	7	5

Zahlenrätsel II

I 1	A 2	M 3	1	13	13	14	6	7	2
4	17	9	4	14	9	5	1	2	12
7	12	3	7	2	3	2	12	3	12
17	5	17	13	12	2	17	11	11	17
13	15	4	9	3	1	4	1	15	2
15	1	15	1	11	1	12	12	17	3
1	5	1	12	2	13	1	6	2	8
11	2	12	7	17	7	12	17	5	1
9	6	6	1	15	14	3	13	14	7
10	14	2	16	1	7	2	12	12	1
14	2	13	2	7	13	13	6	1	9
1	4	9	19	19	1	11	1	4	2
4	9	16	9	9	8	2	11	2	15
10	14	17	13	11	14	12	1	1	12
14	13	9	12	9	12	2	7	9	1
17	18	12	6	17	11	7	17	4	7

Aenigma horribile

Bei dieser Art Kreuzworträtsel weißt du nur, auf welcher Zeile oder Spalte du die Wörter eintragen musst. Du weißt aber nicht, wie lange die Wörter sind und wo sie beginnen und enden; auch nicht, in welcher Reihenfolge die Lösungswörter auf der Zeile angeordnet werden müssen. Dadurch wird es natürlich zu einer kniffligen Sache! Nimmst du die Herausforderung an? (Eine Zeile ist freundlicherweise als Hilfe schon vorgegeben...).

	1	2	3	4	5	6	7	8	9	10
1										
2										
3										
4										
5										
6	H	O	R	R	I	B	I	L	I	S
7										
8										
9										
10										
11										
12										
13										
14										
15										
16										

Waagrecht

1 Fuß / Präposition: zu … hin / Bogen
2 Stamm, Familie / die Herren
3 dritter Ton der C-Dur-Tonleiter / er wird büßen, bezahlen / dem Schicksal / röm. Zahlzeichen 100
4 aufs Land / typische Endung für Nom. Sg. m. / dito für Nom. Pl. f. / geh! / Abk. der niederländischen Eisenbahngesellschaft
5 chem. Zeichen für Stickstoff / ich schaue / Präposition: für
7 Zornesausbrüche / Spitze / unter
8 er ist / ISO-Ländercode für einen europ. Zwergstaat / chem. Zeichen für Lithium / Salz
9 Küste / Höhlen / nordital. Fluss
10 chem. Element mit Zeichen B / „Gegenteil" von Infrarot (Abk.) / Schwester
11 Knochen / Fragepartikel: ob? / Nasen / sie (Nom. Sg. f.)
12 Kurzform für neque / sondern / chem. Zeichen für Phosphor / Autokennzeichen für Saarlouis
13 mit diesen (Abl.) / Zulassungsbeschränkung an Uni (Abk.) / du bist / er soll sein
14 dich / so / Bären / Autokennzeichen für Regensburg
15 geh! / du sollst sein / der Götter (Gen. Pl.)
16 wir geben / glücklich

Senkrecht

1 „Beruf" von Sokrates / röm. Zahlzeichen für 500 / Acker
2 röm. Provinz im Osten (heutiger Libanon; Y=I) / Tau / Vorsilbe: wieder- / Raserei, Wahnsinn (Dat.)
3 röm. Münze / Altäre / Küsten / Abk. für den Vornamen Gnaeus / röm. Zahlzeichen für 1000 / chem. Zeichen für Schwefel (gleich dreimal hintereinander)
4 antworte! / es / verbrannt / chem. Zeichen für Uran
5 röm. Briefformel (Abkürzung) / Bäcker (Pl.) / du sollst stehen / Mund
6 chem. Zeichen für Fluor / Ausruf: bei Pollux! / dem Bad / Nebel
7 Speisen / austral. Laufvogel / nicht / wissen
8 Sagengestalt, die den Himmel auf den Schultern trägt / wenn / Abk. für die Eulersche Zahl / hinüber / röm. Zahlzeichen für 50 / du
9 chem. Zeichen für Sauerstoff / Sagengestalt, die mit Wachsflügeln abstürzte / bereits / röm. Zahlzeichen für 1 / 5. Buchstabe des Alphabets / vor, zuvor
10 Insel / Siegerin / sag!

Zahlenrätsel III

O 1	V 2	U 3	M 4	18	1	4	11	16	11
12	14	16	14	1	17	6	12	11	16
14	5	6	6	16	3	5	1	17	15
5	11	4	4	1	10	11	9	6	14
11	16	7	14	8	14	8	14	4	8
17	15	1	11	14	9	3	8	11	8
9	2	1	4	14	8	11	16	10	1
3	14	6	1	5	14	15	11	16	7
17	17	14	15	11	2	11	15	11	6
6	9	15	3	17	11	16	13	14	8
9	1	16	17	19	11	9	11	15	14
8	8	6	8	17	11	11	16	14	17
11	6	4	16	14	15	19	14	7	15
12	11	6	8	8	11	11	1	11	8
3	16	10	14	2	6	15	14	17	3
17	3	4	4	1	4	1	16	14	1

<u>W</u>örterverzeichnis

Ich lade dich ein, die dir unbekannten Vokabeln aus den Rätseln hier einzutragen. Sieh in einem Wörterbuch nach, damit du bei den Substantiven auch den Genitiv hinzuschreiben kannst, bei den Verben die Konjugationsklasse bzw. die Stammformen, falls sie unregelmäßig sind.
Du wirst feststellen, dass du dir auf diese Weise viele neue Vokabeln aneignen kannst – und das quasi nebenbei!

accedere, -o, -cessi, -cessum   hingehen, herantreten

agmen, -minis n.   (Heers-)Zug

G-I

L-N

O-Q

Aus unserem Programm

Reihe »Auxilium«
- » **Auxilium Primum** – Erste Hilfe für Lateinlernende (ISBN: 3-937446-06-0)
- » **Auxilium Secundum** – 2. Teil der Reihe (ISBN: 3-937446-07-9)
- » **Auxilium Tertium** – 3. Teil der Reihe (ISBN: 3-937446-38-9)

Lernwortschätze
- » **Friedrichs Lateinischer Basiswortschatz** (ISBN: 3-937446-22-2)
- » **Friedrichs Lateinischer Lernwortschatz: Caesar** (ISBN: 3-937446-23-0)
- » **Friedrichs Lateinischer Lernwortschatz: Cicero** (ISBN: 3-937446-24-9)
- » **Friedrichs Lateinischer Lernwortschatz: Sallust** (ISBN: 3-937446-25-7)

Grammatik
- » **Discendum** – Das Wichtigste für den Latein-Unterricht
  Wortschatz, Grammatik, Lerntipps, Glossar (ISBN: 3-937446-10-9)
- » **Meine eigene Latein-Grammatik** (ISBN: 3-937446-03-6)

Lernbücher
- » **Lateingrammatik in 7 Tagen** (ISBN: 3-937446-11-7)
- » **Caesar in 10 Tagen** (ISBN: 3-937446-12-5)
- » **Cicero in 14 Tagen** (ISBN: 3-937446-13-3)

Varia
- » **Friedrichs Maledicta Latina** (ISBN: 3-937446-01-X)
- » **Lateinischer Sprachführer** (ISBN: 3-937446-02-8)
- » **Liber de Coquina** – Das Buch der guten Küche (ISBN: 3-937446-08-7)

Bestellen können Sie im **Internet** unter www.fsf-verlag.de,
per **Telefon** (++49-(0)69-788 07 660),
Fax (++49-(0)69-788 07 661),
Briefpost: F. S. Friedrich Verlag
Postfach 94 03 08; D-60461 Frankfurt a. M.
oder bei Ihrer **Buchhandlung** um die Ecke bzw. dem
Online-Bookshop (amazon, bol, buecher.de, libri, usw.)